Charles Bukowski

Ein teuflischer Weiberheld

Stories

W0190194

dtv

Die Taschenbibliothek

Deutsch von
Carl Weissner

Juni 1996
Deutscher Taschenbuch Verlag GmbH & Co. KG,
München
Auswahl aus: ›Ein Profi. Stories vom verschütteten Leben‹ und
›Pittsburgh Phil & Co. Stories vom verschütteten Leben‹
(Deutscher Taschenbuch Verlag GmbH & Co. KG, München 1983)
© 1973 Charles Bukowski
Titel der amerikanischen Originalausgabe:
›South of No North‹
(Black Sparrow Press,
Santa Barbara/Kalifornien 1975)
© 1977 der deutschsprachigen Ausgabe:
Zweitausendeins, Frankfurt am Main
Titel der deutschsprachigen Ausgabe: ›Das ausbruchsichere Paradies.
Stories vom verschütteten Leben‹
Umschlaggestaltung: Balk & Brumshagen
Umschlagbild: ›Weltende‹ (1983) von Werner Büttner
Gesamtherstellung: C. H. Beck'sche Buchdruckerei,
Nördlingen
Printed in Germany · ISBN 3-423-08338-7

Inhalt

Die Stripperinnen vom Burbank

Wir redeten über Frauen, linsten ihnen unter die Röcke, wenn sie aus dem Auto stiegen, und bei Nacht sahen wir in Fenster rein und hofften darauf, welche beim Ficken zu erleben, aber wir bekamen nie was zu sehen. Einmal beobachteten wir ein Pärchen im Bett, der Kerl hatte seine Frau schwer in der Mache, und wir dachten, jetzt würden wir's aber gleich sehen, doch dann sagte sie: »Nee, heut' abend will ich nicht!« und drehte sich einfach auf die andere Seite. Er steckte sich eine Zigarette an, und wir zogen weiter zum nächsten Fenster.

»So ein Scheiß. Bei mir würde sich ne Frau nicht umdrehen!«

»Bei mir auch nicht. Und sowas will ein Mann sein.«

Wir waren zu dritt. Baldy, Jimmy und ich. Unser großer Tag war der Sonntag. Sonntags trafen wir uns bei Baldy und fuhren mit der Straßenbahn runter zur Main Street. Die Fahrt kostete sieben Cents.

Damals gab es dort zwei Varietés, das Follies und das Burbank. Wir waren alle verliebt in die Stripperinnen vom Burbank, und die Witze waren dort auch ein bißchen besser, deshalb gingen wir ins Burbank. Wir hatten die anrüchigen Kinos ausprobiert, aber die Filme waren gar nicht so anrüchig, und die Handlung war immer gleich. Ein paar Kerle machten ein kleines unschuldiges Mädchen besoffen, und ehe sie sich von ihrer Schlagseite wieder erholt hatte, steckte sie bereits in einem Bordell, wo Matrosen und Bucklige Schlange standen und an ihre Tür hämmerten. Außerdem schliefen in den Kinos bei Tag und Nacht die Stadtstreicher, pißten auf den Fußboden, tranken Wein und filzten einander. Der Gestank nach Pisse und Wein und Mord war unerträglich. Wir gingen ins Burbank.

»Na, Jungs, gehts heute ins Varieté?«, fragte Baldys Opa jedesmal.

»Ah nee, Sir, wir ham was zu tun.«

Wir gingen hin. Wir gingen jeden Sonntag hin. Wir zogen schon am frühen Morgen los, lange vor Beginn der Show, wir klapperten die ganze Main Street ab, sahen in die leeren Bars rein, wo am Eingang die Animierdamen saßen, die Röcke bis über die Knie hoch, und mit den Beinen wippten im warmen Sonnenschein, der in die Bar hineinwaberte. Die Girls sahen gut aus. Aber wir wußten Bescheid. Wir hatten uns umgehört. Ein Typ ging auf einen Drink rein, und sie nahmen ihn aus nach Strich und Faden. Er zahlte nicht nur für sich, sondern auch für das, was die Animierdame trank. Die trank natürlich nur verdünntes Zeug. Man durfte sie mal kurz anlangen, und damit hatte es sich. Wenn man Geld sehen ließ, kriegte es der Barkeeper sofort spitz, er tat einem was in den Drink, und dann hing man bewußtlos über dem Tresen, und das Geld war fort. Wir wußten Bescheid.

Nach unserem Bummel durch die Main Street gingen wir in die Hot-Dog-Bude; dort holte sich jeder einen Hot Dog für acht Cents und einen großen Humpen Malzbier für fünf. Wir machten Gewichtheben, und unsere Muskeln standen heraus, und wir hatten immer unsere Hemdsärmel hochgekrempelt, und jeder hatte eine Packung Zigaretten in der Brusttasche. Wir hatten sogar mal einen Fernlehrgang von Charles Atlas ausprobiert, ›Dynamite Tension‹, aber Bodybuilding war uns nicht männlich genug. Gewichtheben war einfach eine klare Sache.

Mit Hot Dogs und Bierhumpen begaben wir uns dann zum Flipper-Automaten, einen Penny pro Spiel. Wir lernten diesen Flipper mit der Zeit perfekt beherrschen. Wenn man die Traumzahl erreichte, bekam man ein Freispiel. Wir mußten die Traumzahl erreichen. Wir hatten nicht genug Geld.

Frankie Roosevelt war am Ruder, es ging wieder aufwärts, aber es war immer noch Wirtschaftskrise, und keiner von unseren Vätern hatte Arbeit. Wie wir zu unserem bißchen Taschengeld kamen, war ein Mysterium, wenn man einmal davon absieht, daß wir ein gutes Auge hatten für alles, was nicht niet- und nagelfest war. Wir klauten nicht, wir nahmen uns nur unseren Anteil. Und wir waren erfinderisch. Da wir wenig oder gar kein Geld hatten, erfanden wir kleine Spiele, um uns die Zeit zu vertreiben – eines davon war ein Fußmarsch zum Strand und zurück.

Das war unser üblicher Zeitvertreib an Sommertagen, und unsere Eltern hatten nie etwas dagegen, wenn wir das Essen verpaßten. Es machte ihnen auch nichts aus, wenn wir mit dicken Blasen an den Füßen nach Hause kamen. Erst wenn sie sahen, daß wir Löcher in den Schuhsohlen hatten und die Absätze runtergelatscht waren, da bekamen wir dann was zu hören. Man schickte uns in den Kramladen um die Ecke, wo Schusterleim und Absätze und Sohlen bereitlagen und zu zivilen Preisen.

Die Situation war die gleiche, wenn wir auf der Straße Football spielten. Es gab keine öffentlichen Gelder für den Bau von Sportplätzen. Wir waren so hartgesotten, daß wir Football auf der Straße spielten, die ganze Football-Saison hindurch, die Basketball- und Baseball-Saison hindurch und auch noch glatt die nächste Football-Saison hindurch. Wenn einer auf Asphalt einen Bodycheck bei dir macht, da passiert einiges. Haut geht in Fetzen, Knochen werden angeknackst, Blut fließt, aber du stehst wieder auf, als sei nichts gewesen.

Unsere Eltern störten sich nie an dem Blut und den

Platzwunden und zerschrammten Knochen. Die schreckliche und unverzeihliche Sünde war vielmehr, sich die Knie aufzuschürfen, so daß die *Hose* ein Loch bekam. Denn jeder Junge hatte nur zwei Paar Hosen: seine Hose für jeden Tag und seine Sonntagshose. Unter keinen Umständen durfte man in eine der beiden ein Loch reinmachen, denn das bewies, daß man ein armer Hund und ein Arschloch war; und daß man Eltern hatte, die ebenfalls arme Hunde und Arschlöcher waren. Deshalb lernte man, einen Angreifer zu stoppen, ohne sich dabei die Knie zu ramponieren. Und der andere lernte es, sich so stoppen zu lassen, daß auch seine Knie dabei heil blieben.

Wenn wir Schlägereien hatten, dann ging das stundenlang, und unsere Eltern unternahmen nichts zu unserer Rettung. Vermutlich deshalb nicht, weil wir uns so ruppig gaben und nie um Gnade winselten, während sie darauf warteten, daß wir um Gnade winselten. Aber das konnten wir nicht, denn wir haßten unsere Eltern; und weil wir sie haßten, wurden wir auch von ihnen gehaßt, und sie kamen lediglich auf die Veranda heraus und sahen mal beiläufig zu uns herüber, während wir mitten in einer dieser endlosen schrecklichen Schlägereien waren. Sie gähnten nur und bückten sich nach einer Postwurfsendung, die neben dem Briefkasten gelandet war, und gingen wieder rein.

Ich schlug mich immer mit einem Kerl, der später ein

hohes Tier in der Marine wurde. Eines Tages kämpfte ich mit ihm von 8.30 Uhr morgens bis nach Sonnenuntergang. Niemand ging dazwischen, obwohl sich das Ganze direkt vor seinem Elternhaus abspielte, unter zwei riesigen Pfeffersträuchern, von denen die Spatzen den ganzen Tag lang auf uns runterschissen.

Es war ein verbissener Kampf, von Anfang bis Ende. Er war größer als ich, ein bißchen älter und stärker, aber ich hatte die größere Wut im Bauch. Schließlich hörten wir in gegenseitigem Einvernehmen auf – ich weiß nicht, wie das geht, man muß es mitgemacht haben, um es zu begreifen; aber wenn man acht oder neun Stunden lang aufeinander eingeschlagen hat, entwickelt sich ein ganz eigenartiges Gefühl der Verbundenheit.

Am nächsten Tag hatte ich am ganzen Körper blaue Flecken. Meine Lippen waren so verquollen, daß ich nichts reden konnte, und bei der geringsten Bewegung tat mir alles weh. Ich lag im Bett und stellte mich schon mal aufs Sterben ein, da kam meine Mutter mit dem Hemd an, das ich bei dem Kampf getragen hatte. Sie hielt es mir übers Bett, dicht vor die Nase, und sagte: »Sieh dir das an! Du hast Blutflecken auf diesem Hemd! Blutflekken!«

»Tut mir leid.«

»Die krieg ich nie mehr raus! NIE!!«

»Das ist dem *anderen* sein Blut.«

»Spielt gar keine Rolle! Es ist Blut! Es geht nicht mehr raus!«

Der Sonntag war unser Tag, unser geruhsamer, gemütlicher Tag. Wir gingen ins Burbank. Zuerst gab es immer einen miesen Film, einen sehr alten Film, und während er lief, wurde man immer ungeduldiger. Man dachte an die Girls. Die drei oder vier Kerle im Orchestergraben machten eine Menge Lärm. Sie spielten vielleicht nicht besonders gut, aber sie spielten laut. Und dann kamen endlich die Stripperinnen raus. Sie packten den Bühnenvorhang, den Rand des Vorhangs, und sie packten ihn, als sei es ein Mann, sie stießen mit dem Unterleib dagegen, bop, bop, bop, gegen diesen Vorhang. Dann machten sie einen Schlenker auf die Bühne und fingen an zu strippen. Wenn man genug Geld hatte, konnte man sich sogar eine Tüte Popcorn kaufen; wenn nicht, dann zum Teufel damit.

Vor der nächsten Nummer gab es erst mal eine Pause. Ein kleiner Mensch kam auf die Bühne und sagte: »Damen und Herren, wenn ich um Ihre geschätzte Aufmerksamkeit bitten dürfte . . .« Er hatte neckische Ringe zu verkaufen. Auf jedem Ring war ein Brocken Glas, und wenn man das gegen das Licht hielt, konnte man darin ein höchst wundervolles Bild sehen. Ehrenwort! Ein Ring kostete nur 50 Cents, eine Anschaffung fürs ganze Leben, und das für ganze 50 Cents, und die Ringe wurden nur den Gästen des Burbank angeboten, es gab sie sonst nirgends zu kaufen. »Einfach gegen das Licht halten, dann werden Sie's sehen! Damen und Herren, ich danke für die freundliche Aufmerksamkeit. Die Platzanweiser werden jetzt durch die Gänge gehen und zu Ihnen kommen.«

Zwei abgerissene Penner, die nach Wermut rochen, schlurften nun die Gänge entlang, jeder mit einer Tüte Ringe in der Hand. Ich sah nie, daß sie auch nur einen einzigen verkauften. Aber ich vermute, wenn man so einen gegen das Licht hielt, dann sah man das Bild einer nackten Frau.

Die Musik setzte wieder ein, der Vorhang ging auf, und da standen jetzt die Tänzerinnen in einer Reihe auf der Bühne, zum größten Teil altgewordene ehemalige Stripperinnen mit falschen Wimpern, dick aufgetragenem Augen-Make-up, Rouge und Lippenstift. Sie brachen sich redlich einen ab, um das Tempo der Musik mitzuhalten, doch sie hingen immer ein bißchen zurück. Trotzdem, sie blieben dran. Ich fand, daß sie sich sehr tapfer schlugen.

Dann trat der Sänger auf. Den Sänger zu mögen, fiel einem sehr schwer. Er sang, viel zu laut, von enttäuschter Liebe. Er hatte keine Ahnung vom Singen, und wenn er fertig war, breitete er jedesmal die Arme aus und verbeugte sich vor einem Publikum, in dem kaum jemand eine Hand rührte.

Jetzt kam der Komiker. Ah, war der gut! Er kam heraus in einem alten braunen Mantel, den Hut bis über die Augen gezogen, und er schlurfte mit eingefallenen Schultern daher wie ein Penner; ein Penner, der nicht weiß, was tun und wohin. Ein Girl ging auf der Bühne an ihm vorbei, und er folgte ihr mit den Augen. Dann wandte er sich dem Publikum zu und sagte mit seinem zahnlosen Mund: »Na, da leck mich doch am Ärmel!«

Ein weiteres Girl kam jetzt auf die Bühne, und er ging ganz dicht zu ihr hin, bis sich ihre Nasen fast berührten, und sagte: »Ich bin ein alter Mann, ich bin jenseits der 44, aber wenn das Bett zusammenkracht, dann mach ich auf dem Fußboden weiter.«

Das brachte es. Haben wir vielleicht gelacht! Die jungen Kerle wie die alten, alles lachte sich schief. Und dann kam die Nummer mit dem Koffer. Er versucht, einem Girl beim Packen seines Koffers zu helfen. Die Kleider schnalzen immer wieder raus.

»Ich krieg's nicht rein!«

»Komm, ich helf dir!«

»Schon wieder rausgerutscht!«

»Warte! Ich werd mich draufstellen!«

»Was, *draufstellen*? Oh nein, das wirst du *nicht*!«

So ging das in einer Tour bei dieser Koffernummer.

Ah, war das ein Witzbold!

Schließlich kamen dann die drei oder vier Stripperinnen vom Anfang noch einmal auf die Bühne. Jeder von uns hatte eine, in die er verliebt war. Baldys Auserwählte war eine abgemagerte Französin; sie litt an Asthma und hatte schwarze Tränensäcke unter den Augen. Jimmy gefiel das Tigerweib (eigentlich hieß sie »Die Tigerin«). Ich hatte Jimmy darauf aufmerksam gemacht, daß die eine Titte des Tigerweibs eindeutig größer war als die andere.

Meine hieß Rosalie. Sie hatte einen großen Arsch, und sie schlenkerte und schlenkerte ihn und sang komische kleine Songs dazu; und während sie da oben am Strippen war, redete sie mit sich selbst und kicherte. Sie war die einzige, die wirklich Spaß hatte an ihrer Arbeit. Ich war verliebt in Rosalie. Ich nahm mir immer wieder vor, ihr zu schreiben und ihr zu sagen, wie großartig sie sei, aber irgendwie kriegte ich nie die Kurve.

Eines Nachmittags warteten wir nach der Show auf die Straßenbahn, und da stand das Tigerweib und wartete ebenfalls auf die Straßenbahn. Sie trug ein engsitzendes grünes Kleid, und wir standen da und sahen sie an.

»Es ist dein Girl, Jimmy, es ist das Tigerweib.«

»Boy, die hat es! Seht euch das an!«

»Ich werd sie anquatschen«, sagte Baldy.

»Es ist Jimmys Girl.«

»Ich will nicht mit ihr reden«, sagte Jimmy.

»Ich werd sie anquatschen«, sagte Baldy. Er steckte sich eine Zigarette zwischen die Lippen, zündete sie an und ging zu ihr hin.

»Hi ya, Baby!« sagte er und grinste sie an.

Das Tigerweib gab keine Antwort. Sie sah einfach stur geradeaus und wartete auf die Straßenbahn.

»Ich weiß, wer du bist. Ich hab mir heute deinen Striptease angesehen. Du hast es, Baby, du hast es wirklich!«

Das Tigerweib gab keine Antwort.

»Du machst wirklich einen locker, meine Güte, du machst wirklich einen locker!«

Das Tigerweib starrte eisern geradeaus. Baldy stand da und grinste sie an wie ein Idiot. »Bei dir würd ich ihn gern mal reinhängen. Dich würd ich gern mal ficken, Baby!«

Wir gingen hin und zerrten ihn weg. Wir nahmen ihn zwischen uns und gingen mit ihm die Straße runter. »Du Arschloch, du hast kein Recht, so mit ihr zu reden!«

»Na, sie geht doch da rauf und schlenkert ihre Sachen, sie stellt sich vor ne Horde Männer hin und schlenkert ihre Sachen!«

»Sie versucht bloß, ihren Lebensunterhalt zu verdienen.«

»Sie ist heiß, sie ist wild drauf, sie will es!«

»Du spinnst ja.«
Wir gingen mit ihm die Straße runter.

Nicht lange danach begann ich das Interesse an diesen Sonntagen auf der Main Street zu verlieren. Ich nehme an, das Follies und das Burbank gibt es immer noch. Aber das Tigerweib und die Stripperin mit Asthma und Rosalie, meine Rosalie – die sind natürlich längst weg. Wahrscheinlich tot. Rosalies großer schlingernder Arsch ist wahrscheinlich tot. Und wenn ich in meine alte Nachbarschaft komme, fahre ich an dem Haus vorbei, in dem ich damals wohnte, und da wohnen jetzt Fremde. Doch diese Sonntage waren gut, die meisten dieser Sonntage waren gut, ein winziger Lichtblick in den schwarzen Tagen der Wirtschaftskrise, als unsere Väter auf der Veranda hin und her gingen, arbeitslos und impotent, und geistesabwesend mit ansahen, wie wir uns gegenseitig die Fresse polierten. Und dann gingen sie rein und starrten die Wände an und trauten sich nicht, das Radio anzustellen, wegen der Stromrechnung.

Politik

Am Los Angeles City College, kurz vor Ausbruch des Zweiten Weltkriegs, spielte ich den Nazi. Ich konnte Hitler kaum von Herkules unterscheiden, aber das störte mich nicht im geringsten. Ich fand es ganz einfach langweilig, im Unterricht zu sitzen und mir von all diesen Patrioten predigen zu lassen, wir sollten da rüber und dieser Bestie den Garaus machen. Ich beschloß, in Opposition zu gehen. Ich machte mir erst gar nicht die Mühe, den Kram von Adolf nachzulesen – ich faselte einfach irgendwelches Zeug, das mir entsprechend bösartig und wahnwitzig erschien.

In Wirklichkeit hatte ich keinerlei politische Überzeugungen. Es war einfach eine Möglichkeit, sich auszutoben. Ein Mensch, der etwas tut, ohne daran zu glauben, erzielt manchmal viel interessantere Ergebnisse, denn er kann seine Emotionen dabei aus dem Spiel lassen.

Es dauerte nicht lange, da hatten all die hochgewachsenen blonden Boys die Abraham Lincoln Brigade auf die Beine gestellt – um die faschistischen Horden in Spanien aufzuhalten. Und dann kriegten sie von richtig ausgebildeten Truppen den Arsch in Fetzen geschossen.

Manche von ihnen wollten nur mal Spanien kennenlernen und Abenteuer erleben, aber den Arsch kriegten sie trotzdem in Fetzen geschossen. Ich mochte meinen Arsch. Ich mochte sonst eigentlich nicht viel an mir, aber ich mochte meinen Arsch, und meinen Hammer.

Während des Unterrichts sprang ich auf und schwadronierte, was mir gerade so einfiel. Gewöhnlich hatte es etwas mit der Herrenrasse zu tun, die ich als Idee ganz amüsant fand. Über die Schwarzen und die Juden zog ich jedoch nicht ausdrücklich her, denn ich sah, daß sie genauso ratlos und arm dran waren wie ich selbst. Aber ich brachte ein paar verwegene Reden an, während und außerhalb des Unterrichts; und die Flasche Wein, die ich immer in meinem Kleiderspind stehen hatte, half mir dabei. Ich war überrascht, wie viele Leute mir zuhörten und wie selten ich mit meinen Äußerungen auf Kritik stieß. Also führte ich eben das große Wort und stellte mit Befriedigung fest, daß das L. A. City College ganz unterhaltsam sein konnte.

»Wirst du für die Wahl zum Schulsprecher kandidieren, Chinaski?«

»Shit, nee.«

Ich wollte überhaupt nichts. Ich wollte nicht einmal am Schulsport teilnehmen. Im Gegenteil, das war das allerletzte, was ich tun wollte – zum Sport erscheinen und schwitzen und einen Sackschutz tragen und

Schwanzlängen vergleichen. Ich wußte, daß meiner nur mittelprächtig war. Um mir darüber Klarheit zu verschaffen, brauchte ich nicht erst am Sport teilzunehmen.

Wir hatten Glück. Das College beschloß, eine Einschreibegebühr von zwei Dollar zu erheben. Wir entschieden – oder jedenfalls ein paar von uns –, daß das verfassungswidrig war. Also zahlten wir nicht. Wir streikten dagegen. Das College ließ uns am Unterricht teilnehmen, strich uns aber einige unserer Privilegien. Eines davon war der Schulsport.

Zur Sportstunde rückten wir in Zivil an. Der Sportlehrer hatte Anweisung, uns in militärischer Formation auf und ab marschieren zu lassen. Das war denen ihre Rache? Na, fabelhaft. Ich brauchte keine Runden zu drehen, bis mir der Schweiß in die Arschspalte reinlief, und ich brauchte auch keine blödsinnigen Basketbälle in einen blödsinnigen Korb zu werfen.

Wir marschierten auf und ab, jung, voll Haß, voll Wahnsinn, geil bis in die Zehenspitzen, aber ohne ne Möse in Sicht, am Rand des Krieges. Je weniger man an das Leben glaubte, desto weniger hatte man zu verlieren. Ich hatte nicht viel zu verlieren. Ich und mein mittelprächtiger Schwanz.

Wir marschierten und improvisierten wüste Songs dazu, und die guten amerikanischen Boys im Football-Team drohten uns Prügel an, aber irgendwie ließen sie es dann immer sein. Wahrscheinlich weil wir größer und streitsüchtiger waren als sie. Für mich war es ein wunderbares Gefühl: Hier gab ich den großen Nazi ab, und gleichzeitig beschwerte ich mich lauthals darüber, daß man mir meine verfassungsmäßig garantierten Rechte beschnitt.

Gelegentlich wurde ich auch schon mal emotional. Ich erinnere mich, einmal während des Unterrichts, ich hatte ein bißchen zuviel Wein intus, da sagte ich mit einer Träne im Auge: »Ich verspreche euch, das wird nicht der letzte Krieg sein. Sobald man einen Feind beseitigt hat, entdeckt man schon wieder einen neuen. Ein endloser und sinnloser Kreislauf. Und es ist nicht drin, daß man sagt, der eine Krieg ist gut, und der andere ist schlecht.«

Ein andermal hörte ich mir einen Kommunisten an, der auf einem leerstehenden Grundstück südlich vom Campus eine Rede hielt. Ich hatte einige meiner Gefolgsleute bei mir. Einer von ihnen war ein Weißrusse namens Zirkoff, sein Vater oder Großvater war während der russischen Revolution von den Roten umgenietet worden. Er hatte faule Tomaten mitgebracht, eine ganze Tüte voll, und zeigte sie mir. »Wenn du das Zeichen gibst«, sagte er, »fangen wir an, damit zu schmeißen.«

Mir wurde plötzlich klar, daß meine Jünger dem Redner überhaupt nicht zugehört hatten; oder wenn sie zugehört hatten, dann waren seine Worte an ihnen abgeprallt. Sie hatten ihre Weltanschauung bereits fix und fertig. So war es mit den meisten auf der Welt. Einen mittelprächtigen Schwanz zu haben, schien mir plötzlich nicht mehr die schlimmste Sünde auf Erden zu sein.

»Zirkoff«, sagte ich, »tu die Tomaten weg.«

»Scheiße«, sagte er, »ich wünschte, es wären Handgranaten.«

An diesem Tag fielen meine Jünger von mir ab. Sie begannen mit ihren Tomaten zu werfen, und ich ging weg.

Ich erfuhr, daß eine neue Partei des Fortschritts gegründet werden sollte. Man nannte mir eine Adresse in Glendale. Dort ging ich dann am Abend hin, und wir saßen im Keller eines weitläufigen Hauses herum, mit unseren Weinflaschen und unseren unterschiedlich großen Schwänzen.

Es gab ein Podium mit einem Vorstandstisch drauf, und dahinter hatte man ein großes Sternenbanner über die Wand drapiert. Ein gutgenährter amerikanischer Boy stieg aufs Podium und meinte, wir sollten damit beginnen, daß wir die Fahne grüßen und den Fahneneid sprechen.

Das mit dem Fahneneid hatte ich noch nie ausstehen können. Es war derart öde und dämlich. Ich hatte dabei immer das Bedürfnis, lieber einen Eid auf mich selber zu schwören. Aber da waren wir nun einmal, und wir standen auf und brachten es hinter uns. Dann die obligatorische kleine Pause, und dann hockte sich alles wieder hin, und jeder hatte das Gefühl, als sei ihm gerade ein unsittlicher Antrag gemacht worden.

Der gutgenährte Amerikaner begann eine Rede zu halten. Ich erkannte ihn wieder. Es war der dicke Kerl, der im Theater-Workshop immer in der ersten Reihe saß. Solchen Typen hatte ich noch nie über den Weg getraut. Schleimscheißer. Astreine Schleimscheißer. Er fing an: »Der kommunistischen Bedrohung *muß* Einhalt geboten werden. Wir sind hier zusammengekommen, um entsprechende Schritte zu unternehmen. Wir werden zu diesem Zweck legale Schritte unternehmen, und vielleicht auch Schritte außerhalb der Legalität . . .«

Von dem Rest ist mir nicht viel in Erinnerung geblieben. Die kommunistische Bedrohung war mir so egal wie die nazistische. Ich wollte einen saufen, ich wollte ficken, ich wollte ein gutes Essen, ich wollte mit einem Glas Bier in einer verdreckten Bar sitzen und singen und eine Zigarre rauchen. Ich hatte nicht das richtige Bewußtsein. Ich war ein Dorftrottel, ein Werkzeug.

Hinterher ging ich mit Zirkoff und einem weiteren ehemaligen Gefolgsmann hinunter in den Westlake Park, und wir mieteten uns ein Boot und versuchten, eine Ente fürs Abendessen zu fangen. Wir soffen uns schwer einen an und fingen keine Ente, und als wir unser Geld

zusammenlegten, reichte es nicht mehr für die Boots-
miete.

Wir dümpelten auf dem seichten See herum und
spielten Russisches Roulette mit Zirkoffs Revolver und
kamen alle glücklich dabei über die Runden. Dann stellte
sich Zirkoff stockbesoffen im Mondschein hin und schoß
ein enormes Loch in den Boden des Kahns. Das Wasser
lief herein, und wir paddelten in Richtung Land. Auf
halbem Wege sank der Kahn, und wir mußten aussteigen
und mit nassen Ärschen an Land waten. So war es also
doch noch ein guter Abend geworden, und wir hatten
die Zeit nicht nutzlos vertan ...

Ich spielte dann den Nazi noch einige Zeit weiter, ohne
für Nazis oder Kommunisten oder Amerikaner etwas
übrig zu haben. Doch allmählich verlor ich das Interesse
daran. Und kurz vor Pearl Harbor ließ ich es endgültig
sein. Es machte keinen Spaß mehr. Ich spürte, daß es
zum Krieg kommen würde, und es war mir nicht besonders danach zumute, in den Krieg zu ziehen, aber nach
Kriegsdienstverweigerung war mir auch nicht besonders
zumute. Es war alles Scheiße. Es war sinnlos. Mein mittelprächtiger Schwanz und ich mußten uns auf Trouble
gefaßt machen.

Ich saß im Unterricht, sagte nichts, wartete ab. Meine
Mitschüler und die Lehrer versuchten, mich zu provozie-

ren. Ich hatte meinen Drive verloren, meinen Dampf, meinen Nerv. Ich spürte, daß ich an der ganzen Sache nichts mehr ändern konnte. Es würde so und so passieren. Sämtliche Schwänze mußten sich auf Trouble gefaßt machen.

Meine Englischlehrerin, eine recht nette Lady mit wundervollen Beinen, bat mich eines Tages nach dem Unterricht zu sich. »Was ist los mit Ihnen, Chinaski?«, fragte sie. »Ich habs aufgegeben«, sagte ich. »Sie meinen, die Politik?«, fragte sie. »Ja, die Politik«, sagte ich. »Sie würden einen guten Matrosen abgeben«, sagte sie. Ich ging raus . . .

Als es passierte, saß ich gerade mit meinem besten Freund, einem Marinesoldaten, downtown in einer Bar beim Bier. Es gab ein Radio, in dem Musik lief, dann wurde die Musik unterbrochen. Man berichtete uns, Pearl Harbor sei gerade bombardiert worden. Es wurde bekanntgegeben, alle Angehörigen der Streitkräfte hätten sich sofort in ihren Standorten zurückzumelden. Mein Freund bat mich, ihn auf der Busfahrt nach San Diego zu begleiten. Er meinte, das könnte vielleicht das letzte Mal sein, daß ich ihn lebend sehe. Er behielt recht.

Die Killer

Harry war gerade aus einem Güterwagen geklettert und ging jetzt die Alameda entlang in Richtung auf Pedro's, wo er sich einen Kaffee genehmigen wollte. Es war früh am Morgen, doch er erinnerte sich, daß sie um 5 Uhr aufmachten. Bei Pedro kostete der Kaffee 5 Cents, und man konnte einige Stunden damit sitzen. Man konnte über einiges nachdenken. Man konnte sich überlegen, was man falsch gemacht hatte und was man richtig gemacht hatte.

Sie hatten auf. Die Mexikanerin, die ihm seinen Kaffee eingoß, sah ihn an, als halte sie ihn für einen Menschen. Die Armen kannten sich mit dem Leben aus. Ein gutes Girl. Naja, gut genug. Trouble bedeuteten sie alle. Alles bedeutete Trouble. Er erinnerte sich an einen Ausspruch, den er mal irgendwo gehört hatte – die Definition von Leben ist: Trouble.

Harry setzte sich an einen der alten Tische. Der Kaffee war gut. Harry war 38, und er war erledigt. Er schlürfte seinen Kaffee und erinnerte sich daran, was er falsch gemacht hatte – oder richtig. Er war es einfach leid geworden – die Tour mit den Versicherungspolicen, die kleinen Büros mit den hohen Trennwänden aus Glas, die Kunden. Er war es leid geworden, seine Frau zu betrügen, Sekretärinnen im Fahrstuhl und auf dem Flur zu kneifen; er hatte die Weihnachtsparties satt, die Neujahrsparties und Geburtstage, die Ratenzahlungen für neue Wagen und Möbel, die Rechnungen für Strom, Gas, Wasser – dieses ganze blutsaugende Sortiment von Zwängen.

Er war es leid geworden, und er hatte aufgesteckt, das war alles. Die Scheidung kam dann recht bald, und die Trinkerei auch, und plötzlich saß er auf der Straße. Jetzt hatte er nichts mehr, und er mußte feststellen, daß auch das schwierig war. Er hatte sich nur eine neue Last aufgeladen. Wenn es da zwischendurch nur einen leichteren Weg gäbe. Ein Mann schien nur die Wahl zwischen zwei Dingen zu haben – die Tretmühle mitmachen oder auf der Straße landen.

Harry sah von seiner Tasse auf, als sich ein Mann ihm gegenüber an den Tisch setzte, ebenfalls mit einer Tasse Kaffee für 5 Cents. Er schien Anfang 40 zu sein. Und er war genauso schäbig gekleidet wie Harry. Der Mann drehte sich eine Zigarette, und als er sie ansteckte, sah er Harry an.

»Wie läufts denn so?«

»Das ist vielleicht ne Frage«, sagte Harry.

»Yeah, isses vermutlich.«

Sie saßen da und tranken ihren Kaffee.

»Man fragt sich, wie man in so ne Lage kommt.«

»Yeah«, sagte Harry.

»Übrigens, ich heiße William.«

»Ich heiße Harry.«

»Kannst Bill zu mir sagen.«

»Danke.«

»Du siehst mir aus, als wärst du irgendwo am Ende.«

»Ich hab diese Rumtreiberei einfach satt, bis hier oben hin.«

»Willst du wieder ein nützliches Mitglied der Gesellschaft werden, Harry?«

»Nee, das nicht. Aber ich möchte aus dem hier rauskommen.«

»Man kann ja immer noch Selbstmord machen.«

»Ich weiß.«

»Paß auf«, sagte Bill, »was wir brauchen, ist ein bißchen leichtverdientes Bargeld, damit wir mal wieder verschnaufen können.«

»Klar, aber wie?«

»Naja, es ist ein gewisses Risiko dabei.«

»Na und?«

»Ich hab mal ne Zeitlang Einbrüche gemacht. Is gar nicht schlecht. Ich könnte einen guten Partner gebrauchen.«

»In Ordnung. Ich bin so weit, daß ich zu allem bereit bin. Bloß keine seifigen Bohnen mehr, keine acht Tage alten Doughnuts, Innere Mission, Vorträge über Gott, schnarchende Penner . . .«

»Unser Problem ist, wie kommen wir von hier in unser Einsatzgebiet«, sagte Bill.

»Ich hab ein paar Dollar.«

»Gut, dann treffen wir uns um Mitternacht. Hast du was zum Schreiben?«

»Nee.«

»Augenblick. Ich hol mir was.«

Bill kam mit einem Bleistiftstummel wieder. Er nahm eine Papierserviette und schrieb etwas darauf.

»Du nimmst den Bus nach Beverly Hills und sagst dem Fahrer, er soll dich hier rauslassen. Dann gehst du zwei Blocks nach Norden. Da werd ich auf dich warten. Bringst du das?«

»Ich werde da sein.«

»Hast du Frau und Kinder?«, fragte Bill.

»Hatte mal, früher.«

Es war eine kalte Nacht. Harry stieg aus dem Bus und ging die zwei Blocks nach Norden. Es war finster, sehr finster. Bill stand da und rauchte eine Selbstgedrehte. Er stand unter einem großen Busch und war von der Straße aus nicht leicht zu sehen.

»Hallo, Bill.«

»Hallo, Harry. Kanns losgehen mit deiner neuen lukrativen Beschäftigung?«

»Kann losgehen.«

»Gut. Ich hab die Gegend hier ausbaldowert. Ich glaube, ich habe was Gutes für uns. Isoliert. Stinkt nach Geld. Hast du Angst?«

»Nee. Ich hab keine Angst.«

»Bestens. Behalt die Nerven und geh mir nach.«

Harry ging anderthalb Blocks auf dem Gehsteig hinter ihm her, dann drückte sich Bill zwischen zwei Büschen durch, und sie kamen auf eine große Rasenfläche. Sie gingen von hinten an das Haus heran, eine großzügig angelegte zweistöckige Villa. Bill blieb am hinteren Fenster stehen. Er schlitzte das Fliegengitter auf, stand regungslos da und lauschte. Es war still wie auf einem Friedhof. Bill lockerte das Fliegengitter aus dem Rahmen und hob es heraus. Dann machte er sich am Fenster zu schaffen. Er machte sich sehr lange daran zu schaffen, und Harry dachte ›Meine Güte, ich hab mich mit einem Amateur eingelassen, mit einem Spinner.‹ Dann ging das Fenster auf, und Bill kletterte hinein. Harry sah, wie sein Arsch mit schlingernden Bewegungen im Fenster verschwand. ›Das ist doch lächerlich‹, dachte er. ›Sowas machen Männer?‹

»Komm schon«, sagte Bill leise von drinnen.

Harry kletterte hinein. Es stank tatsächlich nach Geld. Und nach Möbelpolitur.

»Menschenskind, Bill, jetzt hab ich aber doch Angst. Das hier ist doch sinnlos.«

»Red nicht so laut. Du willst doch keine seifigen Bohnen mehr sehen, oder?«

»Nee.«

»Na also, dann sei ein Mann.«

Harry stand da und sah zu, wie Bill vorsichtig Schubladen aufzog und Sachen in seine Taschen stopfte. Sie schienen sich im Eßzimmer zu befinden. Bill stopfte sich Löffel und Messer und Gabeln in die Taschen.

›Wie sollen wir dafür was kriegen?‹, dachte Harry.

Bill stopfte weiter das Silberzeug in seine Jackentaschen. Dann fiel ihm ein Messer herunter. Es lag kein Teppich auf dem Fußboden, und das Geräusch war laut und deutlich zu hören.

»Ist da jemand?«

Bill und Harry verhielten sich ruhig.

»Ich sagte, ist da jemand?«

»Was ist, Seymour?«, sagte eine Mädchenstimme.

»Ich dachte, ich hätte was gehört. Ich bin von irgendetwas aufgewacht.«

»Ach leg dich doch wieder hin.«

»Nein. Ich habe da was gehört.«

Harry hörte ein Bett quietschen, dann das Geräusch

von Schritten. Die Tür ging auf, und der Mann kam ins Eßzimmer herein. Er hatte einen Pyjama an, ein junger Mann von ungefähr 26 oder 27 Jahren, mit einem Ziegenbart und langen Haaren.

»All right, ihr Ganoven, was habt ihr in meinem Haus zu suchen?«

Bill drehte sich zu Harry um. »Geh in dieses Schlafzimmer. Da ist vielleicht ein Telefon drin. Sorg dafür, daß sie es nicht benutzt. Ich kümmere mich um den hier.«

Harry ging in Richtung Schlafzimmer, fand die Tür, ging hinein, sah eine junge Blondine von etwa 23 Jahren in einem teuren Nachthemd, in dem ihre Brüste locker herumhingen. Auf dem Nachttisch stand ein Telefon, doch sie war nicht am Telefonieren. Sie setzte sich ruckartig auf, ihre Hand flog hoch, der Handrücken bedeckte ihren Mund.

»Schrei bloß nicht«, sagte Harry, »oder ich bring dich um.«

Er stand da und sah auf sie herunter. Er dachte an seine Frau. Sowas wie die hier würde es nie für ihn geben. Harry begann zu schwitzen, er fühlte einen leichten Schwindel. Sie starrten einander an.

Harry setzte sich aufs Bett.

»Laß meine Frau in Ruhe, oder ich bring dich um!«, sagte der junge Mann. Bill war gerade mit ihm hereingekommen. Er hatte ihm den einen Arm auf den Rücken gedreht und drückte ihm von hinten das Messer gegen die Rippen.

»Niemand wird deiner Frau was tun, Mann. Brauchst uns nur zu sagen, wo du dein verstunkenes Geld hast, und wir gehn wieder.«

»Ich sag doch, ich hab nur das, was in meiner Brieftasche ist.«

Bill drehte ihm den Arm noch ein bißchen weiter nach oben und stach ihm das Messer ein bißchen rein. Der junge Mann machte sich steif und verzerrte das Gesicht.

»Der Schmuck«, sagte Bill, »zeig mir, wo der Schmuck ist.«

»Der ist oben ...«

»Na schön, geh vor!«

Harry sah zu, wie Bill mit ihm hinausging. Dann starrte er wieder das Girl an, und sie starrte zurück. Blaue Augen, weit aufgerissen vor Angst.

»Schrei bloß nicht«, sagt er zu ihr, »oder ich murks dich ab, ohne mit der Wimper zu zucken.«

Ihre Lippen begannen zu zittern. Sie waren blaßrosa. Dann war sein Mund auf ihrem. Er hatte einen Schnurrbart und roch ranzig und säuerlich, sie war weiß und weich und zerbrechlich und zitterte. Er hielt ihr den Kopf mit den Händen fest. Dann nahm er seinen Kopf zurück und sah ihr in die Augen. »Du Flittchen«, sagte er, »du gottverdammtes Flittchen!« Er küßte sie wieder, diesmal härter. Sie fielen zusammen nach hinten auf das Bett. Er kickte seine Schuhe weg, während er sie mit den Händen nach unten drückte. Dann zerrte er an seiner Hose, kriegte sie runter. Die ganze Zeit hielt er sie fest und küßte sie. »Du Flittchen, du gottverdammtes Flittchen . . .«

»*Oh! NEIN!! Um Gotteswillen, nein! Nicht meine Frau, ihr Schweine!*«

Harry hatte die beiden nicht hereinkommen hören. Der junge Mann stieß einen Schrei aus. Dann hörte Harry ein gurgelndes Geräusch. Er ließ seinen Schwanz rausrutschen und drehte sich um. Der junge Mann lag mit durchschnittener Kehle am Boden; sein Blut spritzte in rhythmischen Stößen auf die Dielen.

»Du hast ihn gekillt!«, sagte Harry.

»Er hat geschrien.«

»Deshalb hättest du ihn doch nicht killen müssen.«

»Und du nicht seine Frau vergewaltigen.«

»Ich hab sie noch nicht vergewaltigt, aber du hast ihn gekillt.«

Dann fing sie an zu schreien. Harry hielt ihr den Mund zu.

»Was machen wir jetzt?«, fragte er.

»Wir werden sie auch killen. Sie ist ein Augenzeuge.«

»Ich kann sie nicht killen«, sagte Harry.

»Dann mach ichs eben«, sagte Bill.

33

»Aber nicht gleich. Das wär ja Verschwendung.«

»Na dann mach los. Nimm sie dir.«

»Stopf ihr was in den Mund.«

»Das haben wir gleich«, sagte Bill. Er nahm einen Seidenschal aus der Schublade und stopfte ihn ihr in den Mund. Dann riß er vom Kopfkissenbezug einen Streifen ab und band ihr damit den Knebel fest.

»Kannst anfangen«, sagte Bill.

Das Girl leistete keinen Widerstand. Sie schien unter Schock zu stehen.

Als Harry fertig war, stieg Bill drüber. Harry sah zu. So ging es eben. So ging es überall auf der Welt zu. Wenn eine siegreiche Armee einmarschierte, nahmen sie sich die Frauen. Sie waren hier die siegreiche Armee.

Bill stieg von ihr runter. »Shit, das war wirklich gut.«

»Hör zu, Bill, wir sollten sie nicht killen.«

»Sie wird uns verpfeifen. Sie ist ein Augenzeuge.«

»Wenn wir sie leben lassen, wird sie uns nicht verpfeifen. Soviel wird es ihr wert sein.«

»Sie wird uns verpfeifen. Ich kenn mich aus mit der menschlichen Natur. Sie wird uns später verpfeifen.«

»Warum sollte sie Leute wie uns, die sowas tun, auch nicht verpfeifen.«

»Is ja meine Rede«, sagte Bill. »Warum zulassen, daß sie's tut?«

»Komm, wir fragen sie mal. Laß uns mit ihr reden. Wir fragen sie, was sie darüber denkt.«

»Ich *weiß*, was sie denkt! Ich werd sie killen.«

»Bitte tu's nicht, Bill. Laß uns doch hier ein bißchen anständig sein.«

»Bißchen anständig sein? Jetzt noch? Dazu isses zu spät. Wenn du dich wenigstens so weit beherrscht hättest, daß du deinen blöden Schwanz aus ihr raus läßt . . .«

»Mach sie nicht kalt, Bill. Ich kann das nicht . . . mit ansehen . . .«

»Dann dreh dich um.«

»Bill, bitte . . .«

»Ich hab gesagt, dreh dich um, verdammt!«

Harry drehte sich um. Es schien sich völlig lautlos abzuspielen. Minuten vergingen.

»Bill, hast du's getan?«

»Ich habs getan. Dreh dich wieder um und sieh dirs an.«

»Ich will nicht. Laß uns gehn. Laß uns hier abhauen.«

Sie stiegen durch das gleiche Fenster hinaus, durch das sie hereingekommen waren. Die Nacht war jetzt noch kälter als zuvor. Sie gingen hinten am Haus herum und dann durch die Hecke hinaus auf die Straße.

»Bill?«

»Yeah?«

»Ich fühl mich jetzt wieder OK. Als wär es nie passiert.«

»Ist aber passiert.«

Sie gingen zurück zur Bushaltestelle. Nachts verkehrte der Bus nur in großen Abständen, wahrscheinlich würden sie eine ganze Stunde warten müssen. Sie standen an der Haltestelle und sahen nach, ob einer von ihnen Blut an den Kleidern hatte, doch seltsamerweise fanden sie keins. Also drehten sie sich zwei Zigaretten und steckten sie an.

Dann spuckte Bill plötzlich seine aus.

»Verflucht! Oh verflucht nochmal!«

»Was ist los, Bill?«

»Wir haben vergessen, seine Brieftasche mitzunehmen!«

»Ach du Scheiße«, sagte Harry.

Ein teuflischer Weiberheld

Na ja, es hatte mal wieder Streit gegeben mit Flo, und mir war weder nach einem Besäufnis noch nach einem Besuch im Massagesalon zumute, deshalb stieg ich in meinen Wagen und fuhr nach Westen, in Richtung Strand. Es ging auf den Abend zu. Ich ließ mir Zeit und fuhr langsam. An der alten Mole stellte ich den Wagen ab und ging rauf. Ich schaute in die Flipperdiele rein, machte ein paar Spiele, aber in der Bude stank es nach Pisse, also ging ich wieder. Das Karussell ließ ich links liegen, dafür war ich zu alt. Auf der Mole lief das übliche Sortiment herum – eine träge, stumpfsinnige Menschenmenge.

Da vernahm ich aus einem Laden ganz in der Nähe ein Gebrüll. Sicher ein Tonband oder eine Platte, dachte ich. Ein Anreißer stand draußen: »Jawohl, meine Damen und Herren, *hier drin, gleich hier drin* ... halten wir den *Teufel* persönlich gefangen! Sie können ihn mit eigenen Augen besichtigen! Überlegen Sie mal, für einen Viertel-dollar, für ganze fünf-und-zwanzig Cents, können Sie tatsächlich den Teufel *sehen* ... den größten Verlierer aller Zeiten! Den Verlierer der einzigen Revolution, die je im Himmel versucht wurde!«

Na, ich konnte ein bißchen leichte Unterhaltung gebrauchen nach dieser anstrengenden Sache mit Flo. Ich zahlte meinen Vierteldollar und ging mit weiteren sechs oder sieben Dummköpfen hinein. Sie hatten diesen Typ da in einem Käfig. Sie hatten ihn mit einer Spritzpistole rot eingesprüht, und er hatte etwas im Mund, mit dem er Rauchwölkchen und kleine Stichflammen produzierte. Er zog keine besonders gute Show ab. Er lief nur im Kreis herum und sagte in einer Tour: »Gottverdammte Scheiße, ich muß hier *raus*! Wie bin ich bloß in diese blödsinnige Falle geraten?« Nun ja, eins muß ich sagen: Er sah schon gefährlich aus. Plötzlich machte er sechs schnelle Überschläge rückwärts. Nach dem letzten Überschlag landete er auf seinen Füßen, sah sich um und sagte: »Oh, Scheiße, ich fühl mich gräßlich!«

Dann sah er mich. Er kam direkt zu mir her an den Maschendraht. Eine Hitze ging von ihm aus, wie von einem Heizlüfter. Keine Ahnung, wie sie das machten.

»Mein Sohn«, sagte er, »endlich bist du gekommen! Ich habe auf dich gewartet. Seit zweiunddreißig Tagen sitze ich hier in diesem Scheißkäfig!«

»Ich weiß nicht, wovon du sprichst.«

»Mein Sohn«, sagte er, »mach jetzt keine Scherze. Komm heute nacht mit einer Drahtschere wieder und befreie mich.«

»Komm mir nicht mit so'm Scheiß, Mann«, sagte ich.

»Zweiunddreißig Tage bin ich schon hier drin, mein Sohn! Jetzt komme ich endlich frei!«

»Willst du vielleicht behaupten, daß du wirklich der Teufel bist?«

»Ich will eine Katze in den Arsch pimpern, wenn ich's nicht bin«, war seine Antwort.

»Wenn du der Teufel bist, dann kannst du auf deine übernatürlichen Kräfte zurückgreifen, um hier rauszukommen.«

»Meine Kräfte sind mir vorübergehend abhanden gekommen. Dieser Kerl da, der Anreißer, saß mit mir in der Ausnüchterungszelle. Ich sagte ihm, daß ich der Teufel bin, und er hinterlegte Kaution für mich. Ich hatte meine Kräfte in diesem Gefängnis verloren, sonst hätte ich ihn nicht gebraucht. Er machte mich wieder betrunken, und als ich aufwachte, war ich in diesem Käfig. Der elende Geizkragen, er gibt mir nur Hundefutter und Erdnußbutter-Sandwiches zu essen. Mein Sohn, hilf mir, ich flehe dich an!«

»Du spinnst«, sagte ich. »Du hast sie nicht mehr alle.«

»Komm mir bloß heute nacht wieder, mein Sohn, mit der Drahtschere.«

Der Anreißer kam herein und verkündete, die Sitzung mit dem Teufel sei zu Ende, und wenn wir noch mehr von ihm sehen wollten, würde es noch mal fünfundzwanzig Cents kosten. Ich hatte genug gesehen. Ich ging mit den anderen sechs oder sieben Dummköpfen wieder raus.

»Hey, er hat mit dir *geredet*«, sagte ein kleiner alter Kerl, der neben mir ging. »Ich war jeden Abend hier, und du bist der erste Mensch, mit dem er bis jetzt geredet hat.«

»Mach dich nicht naß«, sagte ich.

Der Anreißer stoppte mich. »Was hat er dir erzählt? Ich hab gesehen, wie er mit dir geredet hat. Was hat er dir erzählt?«

»Er hat mir alles erzählt«, sagte ich.

»Hände weg, Kumpel. Der gehört *mir*! So viel Geld hab ich nicht mehr gemacht, seit ich die dreibeinige Lady mit dem Vollbart hatte.«

»Was ist denn mit der passiert?«

»Ist mir ausgerückt. Mit dem Mann, der die Nummer mit dem Tiefseekraken machte. Die beiden haben jetzt 'ne Farm in Kansas.«

»Ich finde, ihr Leute habt alle einen Dachschaden.«

»Ich sag dir bloß eins: Ich hab diesen Kerl gefunden. Also *Hände weg*!«

Ich ging zu meinem Wagen, stieg ein und fuhr zurück zu Flo. Als ich zuhause reinkam, saß sie in der Küche und trank Whisky. Sie sagte mir einige hundert Mal, was für ein nichtsnutziger Mensch ich sei. Ich trank eine Weile mit ihr, ohne viel zu sagen. Dann stand ich auf, ging in die Garage, nahm die Drahtschere, steckte sie in die Tasche, stieg in den Wagen und fuhr zurück zur Mole.

Ich brach die Hintertür auf, das Schloß war verrostet und ging glatt ab. Er lag auf dem Boden des Käfigs und schlief. Ich machte mich mit der Drahtschere an die Arbeit, aber es klappte nicht. Der Draht war sehr stark. Dann wachte er auf.

»Mein Sohn«, sagte er, »du bist zurückgekommen! Ich wußte es ja!«

»Schau her, Mann, ich komm mit dieser Drahtschere nicht durch. Der Draht ist zu dick.«

Er stand auf. »Gib sie mir hier rein.«

»Gott«, sagte ich, »hast du aber heiße Hände! Du mußt Fieber haben oder sowas.«

»Sag bloß nicht ›Gott‹ zu mir«, sagte er.

Er schnitt den Draht durch, als sei es Bindfaden, und stieg heraus. »Und jetzt, mein Sohn, zu dir nach Hause. Ich muß wieder zu Kräften kommen. Ein paar Porterhouse-Steaks, und ich bin wieder in Form. Ich habe so viel Hundefutter gefressen, daß ich fürchte, ich fange jeden Augenblick an zu bellen.«

Wir gingen zusammen zum Auto, und ich fuhr ihn zu mir nach Hause. Als wir reinkamen, saß Flo immer noch in der Küche und trank Whisky. Ich machte ihm erst mal ein Sandwich mit gebratenem Schinken und Ei, und wir setzten uns zu Flo an den Tisch.

»Dein Freund sieht verteufelt gut aus«, sagte sie zu mir.

»Er behauptet, er *ist* der Teufel«, sagte ich.

»Schon lange her, seit ich zum letztenmal ein gutes Stück Weiberfleisch zwischen den Beinen hatte«, sagte er.

Er beugte sich über den Tisch und gab Flo einen langen Kuß. Als er aufhörte, saß sie völlig benommen da. »Das war der *heißeste* Kuß, den mir je einer gegeben hat«, sagte sie, »und mich haben schon viele geküßt.«

»Wirklich?« fragte er.

»Wenn du im Bett auch nur annähernd so gut bist wie im Küssen, das wär ja sagenhaft, das wär kaum zum *Aushalten*!«

»Wo ist dein Schlafzimmer?« fragte er mich.

»Geh einfach hinter der Lady her«, sagte ich.

Er folgte Flo ins Schlafzimmer, und ich goß mir einen großen Whisky ein.

Ich hatte noch nie so ein Schreien und Stöhnen gehört, und es ging gut und gerne 45 Minuten lang. Dann kam er alleine wieder heraus, setzte sich und goß sich einen Drink ein.

»Mein Sohn«, sagte er, »da hast du aber eine wirklich gute Frau.«

Er ging ins Wohnzimmer, legte sich auf der Couch lang und schlief ein. Ich ging ins Schlafzimmer, zog mich aus und kroch zu Flo in die Federn.

»Mein Gott«, sagte sie, »mein Gott, ich kann's noch gar nicht fassen. Er hat mich Himmel und Hölle erleben lassen.«

»Ich hoffe bloß, daß er mir nicht die Couch in Brand steckt«, sagte ich.

»Du meinst, daß er Zigaretten raucht und dabei einschläft?«

»Vergiß es«, sagte ich.

Tja, er begann sich häuslich niederzulassen. *Ich* mußte auf der Couch schlafen. Ich mußte mir jede Nacht anhören, wie Flo da drin schrie und stöhnte. Eines Tages – Flo war beim Einkaufen, und wir saßen bei einem Bier in der Frühstücksnische – redete ich dann mal ein ernstes Wort mit ihm. »Hör zu«, sagte ich, »ich helfe schon mal einem aus, aber jetzt hab ich mein Bett und meine Frau verloren. Ich werde dich bitten müssen, daß du wieder gehst.«

»Ich glaube, ich halte es hier noch eine Weile aus, mein Sohn. Deine Alte ist eine der besten Nummern, die ich je hatte.«

»Hör zu, Mann«, sagte ich, »es kann passieren, daß ich zu harten Maßnahmen greife, um dich loszuwerden.«

»Harter Bursche, was? Na, dann hör mal zu, du harter

Bursche, ich hab 'ne kleine Neuigkeit für dich: Meine übernatürlichen Kräfte sind zurückgekehrt. Wenn du dich mit mir anlegst, kann's passieren, daß du dich dabei versengst. Paß mal auf!«

Wir haben einen Hund. Old Bones heißt er. Er taugt nicht viel, aber er bellt, wenn er in der Nacht was hört. Er ist ein ganz guter Wachhund. Tja, also der Teufel zeigte mit seinem Finger auf Old Bones, der Finger machte so ein niesendes Geräusch, dann zischte er, und eine dünne Stichflamme kam raus und berührte Old Bones. Old Bones verbrutzelte und löste sich in Nichts auf. Er war einfach nicht mehr da. Kein Knochen, kein Fell, nicht mal ein Hauch von Gestank. Nur noch Luft.

»Okay, Mann«, sagte ich zu ihm. »Du kannst noch ein paar Tage bleiben, aber danach mußt du hier raus.«

»Brat mir ein Porterhouse«, sagte er, »ich hab Hunger. Und ich fürchte, meine Spermienproduktion hängt durch.«

Ich stand auf und schmiß ein Steak in die Pfanne.

»Mach mir ein paar Fritten dazu«, sagte er, »und Tomatenscheiben. Kaffee brauch ich nicht. Kann in letzter Zeit nicht schlafen. Aber ein paar Biere werd ich noch trinken.«

Als ich alles fertig hatte und das Essen vor ihn hinstellte, kam Flo zurück.

»Tach, mein Schatz«, sagte sie, »wie fühlst du dich?«

»Ganz prächtig«, sagte er. »Hast du hier irgendwo Ketchup?«

Ich ging raus, stieg ins Auto und fuhr hinunter zum Strand.

Na, der Anreißer hatte jetzt einen neuen Teufel da drin. Ich bezahlte meinen Vierteldollar und ging rein. Dieser Teufel hier machte wirklich nicht viel her. Die rote Farbschicht juckte und brachte ihn schier um, und er trank, um nicht durchzudrehen. Er war ein kräftiger Kerl, aber er hatte überhaupt keine Qualitäten. Ich war einer der wenigen Kunden da drin. In der Bude waren mehr Fliegen als Menschen.

Der Anreißer kam zu mir her. »Ich bin am Verhungern, seit du mir den Echten geklaut hast. Hast wohl deine eigene Show mit ihm aufgezogen, hm?«

»Hör mal«, sagte ich, »ich würde alles drum geben, wenn ich ihn dir wieder zurückbringen könnte. Ich wollte ja bloß ein guter Mensch sein.«

»Du weißt, was mit guten Menschen auf dieser Welt passiert, nicht?«

»Yeah, die stehen dann Ecke 7th und Broadway rum und verkaufen den ›Wachtturm‹.«

»Mein Name ist Ernie Jamestown«, sagte er. »Erzähl mir die ganze Geschichte. Wir haben ein Hinterzimmer.«

Ich ging mit Ernie ins Hinterzimmer. Dort saß seine Frau am Tisch und trank Whisky. Sie schaute auf.

»Hör mal, Ernie, wenn dieser Knilch da unser neuer Teufel sein soll, dann vergiß es. Da können wir gleich einen dreifachen Selbstmord inszenieren.«

»Immer mit der Ruhe«, sagte Ernie. »Und gib mal die Flasche rüber.«

Ich erzählte Ernie, was alles passiert war. Er hörte aufmerksam zu. Dann sagte er: »Ich kann ihn dir vom Hals schaffen. Er hat zwei Schwächen – Trinken und Weiber. Und dann noch was. Ich weiß nicht wieso, aber wenn er eingesperrt ist, so wie in der Ausnüchterungszelle oder in dem Käfig da draußen, dann verliert er seine übernatürlichen Kräfte. Also schön, da werden wir einhaken.«

Ernie ging zum Schrank und holte eine Menge Ketten und Vorhängeschlösser heraus. Dann ging er ans Telefon und ließ sich mit Edna Hemlock verbinden. Edna Hemlock sollte uns in zwanzig Minuten an der Ecke vor Woodys Bar treffen. Ernie und ich stiegen in meinen Wagen, hielten unterwegs am Spirituosenladen und kauften zwei kleine Flaschen Whisky, holten Edna ab und fuhren zu mir nach Hause.

Sie saßen immer noch in der Küche. Sie schmusten wie verrückt. Doch der Teufel hatte kaum einen Blick auf

Edna geworfen, da war meine Alte für ihn abgemeldet. Er ließ sie fallen wie ein Paar Schlüpfer mit Scheiße dran. Edna hatte alles, was das Herz begehrte. Als sie ihr den letzten Schliff gaben, machten sie keinen Fehler.

»Warum nehmt ihr beiden nicht einen zur Brust und lernt euch ein bißchen näher kennen?« sagte Ernie und stellte vor jeden ein großes Glas Whisky hin.

Der Teufel sah Ernie an. »Hey, Mother, bist du nicht der Typ, der mich in den Käfig gesperrt hat?«

»Vergiß es«, sagte Ernie. »Laß uns die alten Geschichten begraben.«

»Von wegen!« Der Teufel zeigte mit dem Finger auf ihn, eine Stichflamme kam heraus, und dann gab es Ernie nicht mehr.

Edna lächelte und hob ihr Glas. Der Teufel grinste, hob seines und kippte es runter.

»Erstklassiger Stoff!« sagte er. »Wer hat den gekauft?«

»Der Mann, der vor einem Augenblick das Zimmer verlassen hat«, sagte ich.

»Oh.«

Er und Edna genehmigten sich noch einen Drink und begannen einander mit den Augen zu verschlingen. Dann sagte meine Alte zu ihm:

»Hör auf, dieses Flittchen anzustarren!«

»Was für ein Flittchen?«

»Die da!«

»Beschäftige du dich mit deinem Drink und halts Maul!«

Er zeigte mit dem Finger auf meine Alte, es knisterte ein bißchen, und dann war sie weg. Dann sah er mich an.

»Und was hast du hier zu melden?«

»Oh, ich bin der Kerl, der dir die Drahtschere gebracht hat, weißt du noch? Ich bin hier der Hausdiener, ich bring dir Handtücher ins Schlafzimmer und so weiter ...«

»Wirklich ein gutes Gefühl, meine übernatürlichen Kräfte wiederzuhaben.«

»Ja, die kommen ganz gelegen«, sagte ich, »wir haben hier sowieso ein Problem in puncto Bevölkerungsdichte.«

Er starrte Edna an. Die beiden waren so mit sich beschäftigt, daß ich eine der beiden Flaschen Whisky unbemerkt an mich bringen konnte. Ich ging damit raus, stieg ins Auto und fuhr zurück zum Strand.

Ernies Frau saß noch immer im Hinterzimmer. Sie freute sich, als sie die neue Flasche sah, und ich goß zwei Drinks ein.

»Wer ist denn der Junge, den ihr da im Käfig habt?« fragte ich.

»Oh, das ist so ein drittklassiger Footballspieler von

einem College hier in der Nähe. Er will sich ein bißchen was dazuverdienen.«

»Du hast wirklich einen schönen Busen«, sagte ich.

»Findest du? Ernie sagt nie etwas über meinen Busen.«

»Trink. Das ist guter Stoff.«

Ich setzte mich neben sie. Sie hatte schöne fette Schenkel. Als ich sie küßte, wehrte sie sich nicht.

»Ich hab dieses Leben hier so satt«, sagte sie. »Ernie war schon immer ein mickriger kleiner Schnorrer. Hast du einen guten Job?«

»Oh, sicher. Ich bin Chef-Packer bei Drombo-Western.«

»Küß mich noch mal«, sagte sie.

Ich rollte von ihr runter und putzte mich am Bettlaken ab.

»Wenn Ernie das rauskriegt, bringt er uns alle beide um«, sagte sie.

»Ernie wird es nicht rauskriegen. Mach dir keine Sorgen.«

»Du machst es großartig«, sagte sie, »aber wie kommst du auf *mich*?«

»Ich versteh nicht. Was meinst du damit?«

»Ich meine, wirklich, was hat dich darauf gebracht?«

»Oh«, sagte ich, »der Teufel hat mich darauf gebracht.«

Dann steckte ich mir eine Zigarette an, legte mich wieder lang, inhalierte und blies einen perfekten Rauchring. Sie stand auf und ging ins Bad. Nach einer Minute hörte ich die Wasserspülung gurgeln.

Mumm

Ich bin kein besonders netter Mensch, wie Ihnen jeder sagen kann. Ich kenne das Wort gar nicht. Ich habe immer den Bösewicht bewundert, den Outlaw, den ruppigen Hund. Ich mag nicht den gutrasierten Boy mit der Krawatte und dem guten Job. Ich mag verzweifelte Männer, Männer mit kaputten Zähnen und kaputten Gedanken und einer kaputten Art. Sie interessieren mich. Sie sind voller Überraschungen und Explosionen. Ich mag auch verkommene Weiber, betrunkene fluchende Schlampen mit ausgeleierten Strümpfen und verschmiertem Make-up im Gesicht. Ich interessiere mich mehr für Perverse als für Heilige. Ich kann relaxen in Gesellschaft von Pennern, denn ich bin selber einer. Ich habe nichts übrig für Gesetze, Moral, Religion, Vorschriften. Ich mag mich nicht von der Gesellschaft trimmen lassen.

Ich saß eines Abends mit Marty, einem ehemaligen Knastbruder, in meiner Bude, und wir tranken. Ich hatte keinen Job. Wollte auch keinen. Ich wollte nur rumsitzen, in Socken, und Wein trinken und mich unterhalten und nach Möglichkeit lachen. Marty war ein bißchen langweilig, aber er hatte abgearbeitete Hände, eine gebrochene Nase und Augen wie ein Maulwurf. Er war nichts Besonderes, aber er hatte einiges durchgemacht.

»Ich mag dich, Hank«, sagte Marty, »du bist ein richtiger Mann, du bist einer der wenigen richtigen Männer, die ich kenne.«

»Yeh«, sagte ich.

»Du hast Mumm.«

»Yeh.«

»Ich hab mal im Erzbergwerk gearbeitet . . .«

»Yeh?«

»Ich hatte eine Schlägerei mit so einem Kerl. Wir machten es mit Axtstielen. Mit seinem ersten Hieb brach er mir den linken Arm. Ich prügelte mich weiter mit ihm. Ich schlug ihm seinen gottverdammten Schädel ein. Als er wieder zu sich kam, war er plemplem. Ich hatte ihm sein Hirn lädiert. Sie steckten ihn in eine Klapsmühle.«

»Finde ich ganz in Ordnung«, sagte ich.

»Hör mal«, sagte Marty, »ich möchte mal gegen dich kämpfen.«

»Ich geb dir einen Punch Vorgabe. Na los, schlag zu.«

Marty saß auf einem grünen Stuhl mit gerader Rückenlehne. Ich wollte gerade ans Spülbecken, wo die Weinflasche drinstand, um mir ein neues Glas einzugießen. Ich drehte mich um und schlug ihm eine Rechte ins Gesicht. Er kippte mitsamt dem Stuhl nach hinten, stand wieder auf und ging auf mich los. Er überraschte mich mit einer Linken. Sie traf mich mitten auf die Stirn und haute mich um. Ich griff in eine Mülltüte voll Kotter und leerer Flaschen, zog eine Flasche raus, kniete mich hin und schleuderte sie nach ihm. Er duckte sich darunter weg, und ich kam mit dem Stuhl hinter mir hoch. Ich hatte ihn gerade über dem Kopf, als die Tür aufging. Es war unsere Hausverwalterin, eine gutaussehende Blondine in ihren Zwanzigern. Wie sie dazu kam, so eine runtergekommene Absteige zu managen, war mir schleierhaft. Ich stellte den Stuhl wieder hin.

»Gehn Sie in Ihr Zimmer, Marty.«

Marty sah beschämt drein, wie ein kleiner Junge. Er ging den Flur hinunter, in sein Zimmer rein, und machte die Tür zu.

»Mr. Chinaski«, sagte sie, »ich muß Ihnen leider sagen . . .«

»Ich muß Ihnen leider sagen«, sagte ich, »daß es zwecklos ist.«

»Was ist zwecklos?«

»Sie sind nicht mein Typ. Ich will Sie nicht ficken.«

»Hören Sie«, sagte sie, »ich will Ihnen mal was sagen. Ich habe Sie letzte Nacht auf das Grundstück nebenan pissen sehen, und wenn Sie das noch mal machen, werde ich Sie hier rausschmeißen. In den Fahrstuhl hat auch jemand gepißt. Waren Sie das?«

»Ich pisse nicht in Fahrstühle.«

»Na jedenfalls, auf dem Grundstück nebenan habe ich Sie letzte Nacht gesehen. Ich habe Sie beobachtet. Das waren Sie.«

»Nie im Leben.«

»Sie waren zu betrunken, um sich noch dran zu erinnern. Machen Sie das nicht noch mal.«

Die Tür fiel ins Schloß, und weg war sie.

Ein paar Minuten später saß ich da und trank still meinen Wein und versuchte mich zu erinnern, ob ich tatsächlich auf das Grundstück gepißt hatte. Da klopfte es an die Tür.

»Herein«, sagte ich.

Es war Marty. »Ich muß dir unbedingt was sagen.«

»Klar. Setz dich.«

Ich goß Marty ein Glas Portwein ein, und er setzte sich damit hin.

»Ich hab mich verliebt«, sagte er.

Ich reagierte nicht. Ich drehte mir eine Zigarette.

»Glaubst du an Liebe?« fragte er.

»Muß wohl. Hab mal so was erlebt.«

»Und wo ist sie jetzt?«

»Weg. Tot.«

»Tot? Wegen was?«

»Trinken.«

»Meine trinkt auch. Das macht mir Sorgen. Sie ist ständig voll. Sie kann nicht damit aufhören.«

»Können wir alle nicht.«

»Ich geh mit ihr zu den Anonymen Alkoholikern. Sie ist jedesmal betrunken, wenn sie hingeht. Die Hälfte von denen da unten bei den Anonymen Alkoholikern ist betrunken. Man kann ihre Fahnen riechen.«

Ich sagte nichts.

»Gott, sie ist jung. Und einen Körper hat die! Ich liebe sie, Mann, ich liebe sie wirklich!«

»Ach komm, Marty, ist doch nur Sex.«

»Nein, ich liebe sie, Hank. Wirklich, ich spüre es.«

»Na ja, kann ja sein.«

»Meine Güte, und sie muß da unten in einem Keller-raum hausen. Sie kann ihre Zimmermiete nicht bezah-len.«

»Im Keller?«

»Yeah, sie haben einen Raum da unten mit den ganzen Heizkesseln drin und so Kram.«

»Kaum zu glauben.«

»Yeah, da unten ist sie. Und ich liebe sie, Mann, und ich hab kein Geld, um ihr da rauszuhelfen.«

»Das ist traurig. Ich war auch schon mal in so einer Situation. Tut weh.«

»Wenn ich das Trinken aufstecken kann, wenn ich bloß zehn Tage lang die Kurve kriege und gesund lebe, dann kann ich mir einen Job besorgen und ihr helfen.«

»Na«, sagte ich, »aber im Moment trinkst du noch.

Wenn du sie liebst, dann hör mit der Trinkerei auf. Jetzt gleich.«

»Weiß Gott«, sagte er, »das werd ich! Ich werde diesen Drink in den Ausguß schütten!«

»Werd nicht melodramatisch. Schieb mir das Glas hier rüber.«

Ich fuhr mit dem Fahrstuhl und einer billigen Flasche Whisky, die ich vor einer Woche aus Sams Spirituosenladen gestohlen hatte, runter ins Erdgeschoß. Dann ging ich die Kellertreppe hinunter. Ich ging im Schein einer schwachen Glühbirne unten lang und suchte nach einer Tür. Schließlich fand ich eine. Es muß so ein oder zwei Uhr morgens gewesen sein. Ich klopfte. Die Tür ging einen Spalt weit auf, und da stand eine richtig gutaussehende Frau in einem Negligé. Das hatte ich nicht erwartet. Jung und strohblond. Ich klemmte meinen Fuß in den Türspalt, drückte mich rein, machte die Tür hinter mir zu, sah mich um. Gar keine schlechte Bude.

»Wer sind Sie?« fragte sie. »Gehn Sie hier raus.«

»Nettes Zimmer, was du da hast. Gefällt mir besser als mein eigenes.«

»Gehn Sie hier raus! Gehn Sie raus! Gehn Sie raus!«

Ich zog die Flasche Whisky aus der Papiertüte. Sie sah sie an.

»Wie heißt du?« fragte ich.

»Jeanie.«

»Paß auf, Jeanie, sag mir doch mal, wo du deine Trinkgläser hast.«

Sie zeigte auf ein Regal an der Wand, und ich ging hin und nahm zwei große Wassergläser herunter. Es gab ein Spülbecken. Ich ließ ein bißchen Wasser in die Gläser, ging damit zum Tisch, stellte sie hin, machte den Whisky auf und mixte was zusammen. Wir setzten uns auf ihre Bettkante und tranken. Sie war jung, attraktiv. Ich konnte es nicht fassen. Ich wartete auf einen neurotischen Ausbruch, auf irgendwas Psychotisches. Jeanie wirkte völlig normal, sogar ausgesprochen gesund. Aber sie mochte ihren Whisky. Sie hing keinen Schluck hinter mir zurück. Die fickrige Erregung, mit der ich da runtergekommen war, hatte sich inzwischen verflüchtigt. Ich meine, wenn sie da unten ein kleines Ferkel gehabt hätte oder sonst was Unanständiges oder irgendeine Macke (eine Hasenscharte, irgendwas), dann wäre mir mehr danach gewesen, gleich zur Sache zu kommen. Ich erinnerte mich an eine Story, die ich mal in der Turf-Zeitung gelesen hatte. Es ging um einen Vollbluthengst, den sie nicht dazu bringen konnten, eine Stute zu bespringen. Sie führten ihm die schönsten Stuten zu, die sie auftreiben konnten, aber er scheute beharrlich vor ihnen zurück. Einer, der sich auskannte, hatte schließlich einen Einfall. Er schmierte eine schöne Stute von Kopf bis Fuß mit Schlamm ein, und der Hengst stieg prompt auf. Die Theorie war, daß sich der Hengst beim Anblick von so viel Schönheit minderwertig fühlte, und erst als die Stute beschmutzt war, fühlte er sich wenigstens gleichrangig oder vielleicht sogar überlegen. Pferde und Menschen konnten sich in der Beziehung ziemlich ähnlich sein.

Jedenfalls, Jeanie goß den nächsten Drink ein und fragte mich, wie ich heiße und wo ich wohne. Ich sagte, ich wohnte irgendwo da oben und wollte beim Trinken einfach ein bißchen Gesellschaft haben.

»Vor einer Woche oder so hab ich dich abends mal im Clamber-In gesehen«, sagte sie. »Du warst sehr lustig, du hast alle zum Lachen gebracht und sie alle zu einem Drink eingeladen.«

»Daran kann ich mich nicht mehr erinnern.«

»Aber ich. Gefällt dir mein Negligé?«

»Ja.«

»Warum ziehst du nicht deine Hosen aus und machst dirs ein bißchen bequem?«

Das tat ich und setzte mich wieder zu ihr aufs Bett. Es lief sehr langsam. Ich erinnere mich, daß ich ihr sagte, sie habe hübsche Titten, und dann hatte ich eine davon im Mund und saugte daran. Als nächstes weiß ich nur noch, daß wir dann am Machen waren. Ich obendrauf. Aber irgendwas funktionierte nicht. Ich rollte wieder von ihr runter.

»Tut mir leid«, sagte ich.

»Das macht doch nichts«, sagte sie, »ich mag dich trotzdem.«

Wir saßen da und redeten ein bißchen und machten die Flasche leer.

Dann stand sie auf und knipste das Licht aus. Mir war sehr traurig zumute. Ich stieg zu ihr ins Bett. Sie lag mit dem Rücken zu mir. Jeanie fühlte sich warm und griffig an, ich spürte, wie sie atmete, ich fühlte ihr Haar auf meinem Gesicht. Mein Penis wurde hart, und ich stupste sie damit. Ich spürte, wie ihre Hand nach unten glitt. Sie packte ihn und dirigierte ihn rein.

»Na«, sagte sie, »so isses jetzt richtig . . .«

Es war gut auf diese Tour, lang und gut, und dann waren wir fertig und schliefen ein.

Sie schlief noch, als ich aufwachte. Ich stand auf und zog mich an. Ich war gerade mit dem Anziehen fertig, als sie sich umdrehte und mich ansah: »Komm, wir machen's noch mal, eh du gehst.«

»All right.«

Ich zog mich wieder aus und kletterte zu ihr rein. Sie drehte mir den Rücken zu, und wir machten es wieder so wie beim ersten Mal. Ich brachte meine Klimax, und sie sagte, immer noch mit dem Rücken zu mir:

»Wirst du wiederkommen?«

»Selbstverständlich.«

»Du wohnst hier oben im Haus?«

»Ja. Zimmer 309. Ich kann zu dir kommen, oder du kannst zu mir kommen.«

»Mir wär's lieber, du kommst zu mir«, meinte sie.

»All right«, sagte ich. Ich zog mich an, machte die Tür auf, hinter mir zu, ging die Kellertreppe hinauf, in den Fahrstuhl und drückte auf die 3.

Es war eine Woche später, Marty und ich saßen abends mal wieder beim Wein. Wir unterhielten uns über belanglose Dinge, und plötzlich sagte er: »Gott, ich fühl mich gräßlich.«

»Was, schon wieder?«

»Yeah. Mein Girl, Jeanie. Ich hab dir ja von ihr erzählt.«

»Ja. Die da unten im Keller. Du liebst sie.«

»Yeh. Und jetzt hat man sie aus dem Keller rausgeschmissen. Sie konnte nicht mal die Miete für den Keller bezahlen.«

»Und wo ist sie jetzt?«

»Ich weiß nicht. Sie ist fort. Ich hab nur gehört, daß man sie rausgeschmissen hat. Niemand weiß, wo sie hin ist oder was sie gemacht hat. Ich bin zum letzten Meeting der Anonymen Alkoholiker gegangen. Sie war nicht da. Ich fühl mich elend, Hank, richtig elend.

Ich hab sie geliebt. Es bringt mich noch um den Verstand.«

Ich sagte nichts.

»Was kann ich machen, Mann? Ich bin wirklich geschlaucht . . .«

»Laß uns auf ihr Wohl trinken, Marty, und ihr Glück wünschen.«

Wir nahmen einen guten langen Schluck auf ihr Wohl.

»Sie war in Ordnung, Hank, das mußt du mir glauben, sie war in Ordnung.«

»Ich glaub dir's, Marty.«

Eine Woche danach flog Marty raus, weil er die Miete nicht bezahlt hatte, und ich kriegte einen Job bei einem Fleischgroßhändler, wo es auf der gegenüberliegenden Straßenseite einige mexikanische Pinten gab. Ich mochte diese mexikanischen Pinten. Wenn ich von der Arbeit kam, roch ich nach Blut, aber das schien niemand was auszumachen. Erst wenn ich in den Bus stieg, um zurück zu meiner Bude zu fahren, da wurde gemosert, und man warf mir angewiderte Blicke zu, und die Wut stieg wieder in mir hoch. Das half.

Auf das Wohlwollen der feinen Leute hatte es Bukowski wohl nie abgesehen – warum sollte er auch? Bukowski schreibt scheinbar ohne jede Sublimierung von der Fernsteuerung des Mannes durch die Triebe, vom Saufen, von Pferdewetten und von ordinären Weibern. Bukowski stellt das amerikanische Wertesystem komplett auf den Kopf. Seine Welt ist die der underdogs, sie wird für ihn zum Maßstab, sie wird seine einzige Existenzmöglichkeit. Denn nur in dieser Gegenwelt bedarf es keiner Kompromisse. »Viele, die mein Zeugs lesen, sind sich anscheinend nicht darüber im klaren, daß ich nur schreibe, um rauszufinden, ob ich schon vollkommen kirre bin oder nicht; ob ich die nächsten 24 Stunden überleben werde – überleben *will* – oder nicht . . .«

Der Autor

Charles Bukowski wurde am 16. August 1920 in Andernach geboren. Seit seinem zweiten Lebensjahr lebte er in Los Angeles. Nach einer trostlosen Kindheit hielt er sich als Tankwart, Leichenwäscher, Werbetexter, Sportjournalist und Zuhälter über Wasser. Mit 35 begann er zu schreiben. Bukowski starb am 9. März 1994 in San Pedro. Einige seiner Werke: ›Der Mann mit der Ledertasche‹ (1971; dt. 1974), ›Faktotum‹ (1975; dt. 1977), ›Das Liebesleben der Hyäne‹ (1979; dt. 1980), ›Das Schlimmste kommt noch oder Fast eine Jugend‹ (1982; dt. 1983), ›Hollywood‹ (1989; dt. 1990), ›Jeder zahlt drauf‹ (1983, 1990; dt. 1993).

Charles Bukowski im dtv

»Seine Sauf- und Liebesgeschichten enthalten mehr
Zärtlichkeit als alle glanzpolierten Liebesfilme
zusammen.«

(Frankfurter Rundschau)

**Gedichte die einer schrieb
bevor er im 8. Stockwerk aus
dem Fenster sprang**
dtv 1653

Faktotum
Roman · dtv 10104

Pittsburgh Phil & Co.
Stories vom verschütteten
Leben · dtv 10156

Ein Profi
Stories vom verschütteten
Leben · dtv 10188

**Das Schlimmste kommt noch
oder Fast eine Jugend**
Roman · dtv 10538

**Gedichte vom südlichen Ende
der Couch**
dtv 10581

Flinke Killer
Gedichte · dtv 10759

Das Liebesleben der Hyäne
Roman · dtv 11049

Hot Water Music
Erzählungen · dtv 11462

Western Avenue
Gedichte · dtv 11541

Hollywood
Roman · dtv 11552

Die Girls im grünen Hotel
Gedichte · dtv 11731

Roter Mercedes
Gedichte · dtv 11780

**Der Mann mit der Leder-
tasche**
Roman · dtv 11878

Jeder zahlt drauf
Stories · dtv 11991